AF571213

HOMMAGE AUX OMBRES

Michel Labonne

HOMMAGE AUX OMBRES

Recueil de poèmes sur la Résistance

5-7, rue de l'École-Polytechnique ; 75005 Paris

http://www.librairieharmattan.com
diffusion.harmattan@wanadoo.fr
harmattan1@wanadoo.fr

ISBN : 978-2-296-99360-0

EAN : 9782296993600

Avertissement

Ce recueil est un hommage à tous les hommes et femmes qui, par générosité, humanité, compassion, foi, patriotisme se sont engagés dans la Résistance. J'ai voulu l'écrire avec le souci constant du respect de leurs convictions profondes. Comme leurs paroles et leurs pensées sont imaginées, cette œuvre est imparfaite. A leurs âmes dressées donc, ces lignes imparfaites.

PREMIERE PARTIE

L'effondrement

« Tout ce qui nous aidera, plus tard,
à nous dégager de nos déconvenues
s'assemble autour de nos premiers pas. »

René Char

L'âme hantée des hommes

L'âme hantée des hommes est un brasier intense
La peur, les choses et le rêve y sont mêlés
Et la crainte ou le sort des élans emmêlés
Portent les lâchetés ou forment résistance

L'âme hantée des hommes est un feu d'existence
Où quelques-uns parfois se trouvent révélés
Leurs ombres se lèvent dans un monde ébranlé
Où se perd la beauté, où se tient la sentence

S'engager, s'effacer, pour demain le bonheur
Un idéal entier, pour l'amour, pour l'honneur
Renoncer c'est pleurer, c'est faner, ne plus vivre

Résister, refuser, par le feu, par l'esprit
Au-dessus des foules pour jamais n'être pris
Comme l'oiseau des mers : voler haut, rester libre

Munich

(29 au 30 septembre 1938)
« On a supplié les dictateurs »
Gabriel Péri

Je n'accepte pas la honte
Je n'accepte pas la capitulation
Je n'accepte pas que tremblent les démocraties
La bête attaque plus facilement la proie apeurée, affaiblie
Je n'accepte pas d'être la proie,
ni de voir dépecer la Tchécoslovaquie.
Je n'accepte ni le chantage ni la menace,
ni la pâle satisfaction du sursis.
Et comme je n'accepte pas,
je me prépare au combat.

Les Brigades internationales défilent à Barcelone
(15 novembre 1938)

Nous partons
Du pays soleil nous partons
Pauvre Barcelone et pauvre Espagne !
Nous partons en rangs d'épreuve

Nous partons
Pauvres sont ces hommes
Pauvres fous !
Qui croient chasser les aigles avec des épouvantails

Nous partons
Retirés et dissous
Dissous par le gouvernement, la Société des Nations

Nous partons
Par calcul
Par petite politique
Et ceux, visages d'Espagne
Ceux qui nous regardent le savent bien

Nous partons
Adieu République
La tête haute sur l'avenue du 14 avril
Devant Azaña, Negrín, La Pasionaria

Nous partons tête haute
Forts des combats
De Guadalajara, de Belchite
Du front d'Aragon et de l'Ebre

Nous partons
Mais nous devrons encore nous battre
Les armes de la barbarie ne sont pas mortes ici
Elles sont devenues plus fortes

Nous partons
De blessures d'âmes
Ils ont dissous les Brigades
Mais nous sommes frères à présent

Retirada

A la République défunte

Sur le chemin pierreux, aux pas lourds étouffés
Passait le cortège des visages défaits
L'entraînant avec eux sur une bière feinte
Leurs bras imaginés emportaient la défunte
Tous fils de Machado, de Lorca, de Buñuel
Soldats d'Andalousie, de Madrid, de Teruel
C'est un chemin d'exil pour ces enfants d'Espagne
Un adieu au soleil que la terre accompagne
Les femmes se taisant, maintenant sans fusils
Regroupaient les enfants sur un rythme transi
Certains se retournaient pour remplir leur mémoire
Se gorgeaient d'horizon, se forgeaient une histoire
D'autres parlaient toujours de revenir bientôt
Avec d'autres armes, ils les vaincraient tantôt
Des groupes se formaient aux flancs des Pyrénées
Ils attendraient demain. Peut-être des années
Pour l'instant il fallait, et c'était l'essentiel
Surtout marcher de nuit pour échapper au ciel
Economiser l'eau, compter le pain, les pommes
En silence marcher et fuir les autres hommes
Puis sur l'autre versant retrouver sa fierté
Vers la France là-bas, ce port de liberté

Le vent d'est

Il passe sur la terre hantée
Vibrant fort aux voix d'outre-Rhin
Tend à l'ouest après sa montée
Prend son souffle noir de corps bruns

C'est le vent chargé de la guerre
Souvenirs jamais effacés
C'est la pâle horreur de naguère
Peur des corps sans vie enfoncés

La chandelle des mots vacille
Les livres brûlent aux pavés
Des hommes déjà on fusille
D'autres défilent entravés

La marche de fer se rapproche
Atteindra tôt la liberté
Comme cet arbre qui s'accroche
Demain il faudra résister

La plus grande souffrance d'un homme

La plus grande souffrance d'un homme
La plus immense
Celle qui prévaut sur le temps et les passages
Celle qui prévaut sur tout

La plus grande souffrance d'un homme
Celle de voir son pays s'effondrer
Ses frères vaincus, apeurés, résignés
Les plus petites gens, généreux, marcher dans la Géhenne

La plus grande souffrance d'un homme
Celle de voir ses pensées ignorées
Voir l'erreur et le salut
Puis l'erreur sans le salut

La plus grande souffrance d'un homme
La plus immense
Voir la peine infinie des siens
Sans pouvoir les aider tous
Et sans même pouvoir bouger

Résister

Poser son ouvrage
Suspendre sa vie
Refermer ses livres, juste un temps
Le soir, embrasser ses enfants
Y penser. Toujours
A vivre heureux
A vivre libres
A se battre puisqu'il le faut
A demain
Aux yeux de sa femme
A l'arrestation
Au néant peut-être
Mais résister
Et dire non !

Entrée des Allemands dans Paris
(14 juin 1940)

Silence
Silence de mort
Ville morte
Vive par habitude
Vivante depuis des siècles
Et tout s'arrête
Les volets sont tirés
Les monuments se figent
Et même le vent et l'eau

La musique seule
Musique de mort
Qu'accompagne un concert de bottes
Les troupes passent
Passent devant quelques badauds
Des hommes pleurent
Les femmes n'ont plus de larmes
D'autres ont un masque de visage
Comme s'ils voyaient leur mère vomir le sang
Et vomir encore
Même la nuit à présent sera feinte
Et la liberté même vivra cachée

Le préfet

A Jean Moulin préfet d'Eure-et-Loir

Où est le préfet ?
Partout où il doit être
Il est sur chaque plaie
Se déplace pour chaque incendie
Sous le vent d'exode
Au fracas des bombardements
Il voudrait être dix…
Mais sa mine est défaite
Il a même tombé l'uniforme pour mieux servir
Ne pas fuir, ne pas lâcher
Ne pas abandonner les siens
Il ne lui reste que son regard d'homme

On l'a vu à Chartres
Sur les quais pilonnés
Il donnait à boire,
évacuait les blessés.
Son Hotchkiss est partout
Bloquée parfois où coule la panique
Il loge, organise, rassure, ramène et ravitaille
Il est tout à la fois :
infirmier, soldat, intendant, colleur d'affiches et préfet…
Mais la mer d'exode est trop forte pour un seul homme
Et ce département porte un ciel de mitraille
Il saigne de toutes parts
Les Allemands seront là au jour
La nuit, ils n'entrent pas dans les villes
Il les attendra debout
Je sais qu'ils ne l'ont pas encore vaincu
Il ne leur dira rien de contraire à l'honneur
D'épargner les civils surtout

La déchirure

Vol du général de Gaulle pour Londres (17 juin 1940).

Je reviendrai !
Mais pour servir,
pour servir la France,
il faut la quitter.
Il faut la pleurer

Le bruit du moteur couvre,
étouffe ce cri intérieur.
Ma peine épouvantable
Ma déchirure

L'avion passe sur ma vie
Lumière de ma passion
Nuages d'incendies
Ce sont les ports de Rochefort,
de la Rochelle,
où brûlent nos bateaux.

Incendies encore
ou volutes hantées.
Corps de brumes sur Brocéliande
Je ressens le souffle de ma mère
Ma mère et la France
La France est ma mère

Après l'océan : continuer le combat
Nous regrouper là-bas
Après l'océan : l'Angleterre

La nasse

Un juif de Pologne
Un juif d'Allemagne
L'un sans rien d'autre
L'autre fatigué d'espérer
Les deux ont perdu :
mère, frères, amours et amis.
Et quoi d'autre ?
Sur la route
De l'exil à l'exode
D'un piège à une trappe
Autre passage, autre nasse
Pour qui d'autre ?
Les voilà à Bordeaux
La terre qui s'effondre
L'océan
Le fond de la nasse
Peut-être là-bas ?
Peut-être le bateau ?
Deux juifs sur l'horizon regardent et espèrent
Trop jeunes pour mourir
Trop vieux pour oublier
Deux juifs dans la nasse
Deux juifs de vie lasse
Qui sur le pâle horizon regardent les oiseaux

Le tract du 17 juin

A Edmond Michelet

Aux marches du chaos il faut ne pas faillir
La barbarie prend tout. Tout ce qu'elle peut prendre
De notre humanité il restera les cendres
Le servage est amer. Surtout ne pas faiblir

C'est notre liberté que le fer va cueillir
Des siècles de progrès que le temps va suspendre
Il nous faut rassembler nos frères sans attendre
Vite entrer dans l'action, plus tard nous recueillir

Nos amis sont tous là et la voiture arrive
Le tract est rédigé : à diffuser sur Brive
Il parle de Péguy. Un nom pour résister

C'est un devoir ici que de changer l'Histoire
En chrétien simplement contre la cruauté
Se dresser maintenant et jusqu'à la victoire

L'Appel

Au général de Gaulle

Assumer
Résister
Vivre à nouveau
Il attend dans la pénombre
On lui décrit la fin des annonces
Le temps et la lumière
Puis le temps du discours

Assumer
Résister
Convaincre
Le papier est là, griffonné
Il a moins d'importance que la voix
La voix a moins d'importance que l'esprit qui la porte

Assumer
Résister
Se battre
C'est être enfant à nouveau
Mais c'est bien plus que la récitation
Plus qu'un discours
Bien plus qu'une flamme

Assumer
Résister
Appeler
Un mot pour un essai
« La France »
Oublier le temps et le papier
Ne garder que la force, l'âme et l'esprit
L'esprit des mots
Leur digne importance

La poignée

Quelques-uns seulement
Quelques-uns pourtant
De tout…
De tous et de partout
Poignée d'hommes
De femmes aussi
Et d'enfants même
Poignée d'ombres
Poignée d'âmes

Les hommes du vent

Aux habitants de l'île de Sein

Tout ici est libre
Tout est force au vent d'océan
Porte de lumière sur mer d'Iroise
Horizon des ombres

Tout ici est puissance
Tellement, que la nature s'est ramassée
Terre de lichens et de pierres,
par le souffle écrasée.
Les hommes sont ici les choses les plus hautes

C'est pour cela qu'ils sont partis
Ils ont entendu l'appel et ils sont partis
Tous sur leurs bateaux
Marins des ombres au vent libre
Marins du feu,
des confins de la terre.
Beaucoup ne reviendront jamais

Le maire de la Rochelle

A Léonce Vieljeux, qui refusa face à l'occupant d'amener les couleurs.

Cette ville est à la France
A l'océan
Elle ne s'agenouille pas,
mais respire.
Elle ne se prend pas,
mais s'écoute.
Tout ce qui passe repart un jour
Comme la mer entre les deux tours

Le vieil homme contemple les vagues
Tourne la tête
Il contemple la terre
La mer, la terre et les couleurs

Au premier fusillé
A Etienne Achavanne

Le chemin sans retour
Au pas de pierres
Pas des paysans
Maintenant résigné, sans rancœur, sans regrets
On le pousse du fer
De la crosse
On le pousse vers le silence
Vers la maison fermée
Vers la maison hantée
L'homme n'a rien
Il pense même n'être rien
Etienne René Marius Achavanne
Sans femme, sans enfant, sans terres
Ouvrier agricole
Déplacé, réfugié
Arrêté pour sabotage et fier
Premier fusillé
Premier soldat de l'armée des ombres
Premier à marcher
A marcher vers les cendres
La France au cœur

Aux prisonniers évadés

La lune et la peur
La nuit et la belle
De l'autre côté du mur
Du mur du stalag

Caché dans les poubelles
Sentir les poubelles
S'être confectionné un manteau
Avoir recopié ses papiers

Le jour et la peur
La peur de plus belle
Dix mots d'allemand : comptés…
Avec l'accent berrichon

Prendre le train
Le train pour la seconde fois
Sous une bâche
Entendre marcher

Espérer
Trouver des passeurs
Pour des kilomètres de chemins, de bois
Et revoir son pays

« Ils vont dire que j'ai fui »

A Georges Mandel

Je ne vous suivrai pas
« Ils vont dire que j'ai fui »
Eux…
Brasillach et la clique
Le « Je suis partout »
Je veux rester
Autrefois d'Alsace, ma famille a choisi la France
Choisi…
Je ne partirai pas. C'est tout.
J'ai écrit dans « L'Homme libre »
Libre avant tout !
J'ai servi le Tigre
Je défierai les loups
Je serai donc de ceux qui espèrent
Je vois venir mon sort
Je le sens, le devine
Comme j'ai prévenu du pire
Comme j'ai prédit la guerre
Je verrai la mort

Jean Texcier donne ses « conseils à l'occupé »

« Etale une belle indifférence ; mais entretiens secrètement ta colère. Elle pourra servir ». Jean Texcier

Se retourner juste un instant
et voir tant de volonté trahie.
Un peuple perdu, hébété
Tenu par l'oreille, par la langue
Et la plume ?
Plume de rien
Presse infâme !
Torche-fesses : colonnes de fiel et de bottes

Etre journaliste
L'être vraiment
Chercher, déduire, donner
Chercher la vérité. Ou rien.
S'amuser, éduquer, dénoncer, singer
Ouvrir les yeux et les âmes
Les ouvrir à la résistance

DEUXIEME PARTIE

Les âmes se dressent

« Il n'y a pas de lumière sans ombre »

Louis Aragon

France libre

Au général de Gaulle
A René Cassin

La France est libre même occupée
Puisque notre volonté c'est elle
Puisque nous sommes ici à l'aimer
La diplomatie peut être dissidente
Comme la loi et le droit
Face à l'autorité de la barbarie
Il nous faut porter un pays
En entier dans nos exils et nos rêves
Pour qu'il continue d'exister

Réseau musée de l'Homme

Aux savants et scientifiques de la Résistance

N'oubliez pas
Pour ceux qui vivront ou mourront demain
Quand nos pas auront été soufflés au vent d'histoire
N'oubliez pas
Que nos sciences sont d'essence humaine
Depuis toujours contre la barbarie
Echos des siècles sur mémoires de mots
N'oubliez pas
Que notre combat a commencé par un poème
Et s'il se termine par une salve
N'oubliez pas quand même
D'autres viendront au musée
De volonté et d'honneur
Pour guider, cacher, transmettre
Pour résister
« Résister ! C'est le cri qui sort de votre cœur à tous. »

Lucie

A Lucie Samuel (Lucie Aubrac)

Aux temps amers
Autant de temps
Autant d'amour
Aux temps du combat
Jamais je n'ai pu supporter les murs
Jamais je n'ai pu supporter l'absence
Je donne toutes mes forces au temps
Toutes mes forces de femme
De la « dernière colonne »
De « Libération sud »
Femme et mère
De ce bébé qui m'accompagne
De cet homme que j'ai libéré
Femme et mère
A la tâche jour et nuit
Aux renseignements, à l'écrit
Femme de force
Au coup de force
Si tu tombes encore
Je te relèverai
J'arracherai le fer
Je percerai les murailles
Pour te retrouver

Valmy

A Raymond Burgard, professeur au lycée Buffon, résistant, fondateur du groupe et du journal « Valmy ». Décapité à la hache à Cologne le 15 juin 1944.

Aux matins de brumes lumières
Aux nuits des cafés assombris
Nous jouerons les notes premières
Pour vivre et pour rêver Paris

A vos consciences illégales
Sombres voix que Valmy défend
Il est de lettres inégales
Imprimé sur jouet d'enfant

Mais les murs aussi sont des pages
Et nous les empruntons souvent
Nos mains y tracent au passage
Les nouvelles forces du vent

Des mots contre la tyrannie
Cachez Valmy sous vos manteaux
Et dans une chaîne infinie
Beaucoup se lèveront bientôt

Résistance de l'enfant juif

L'école maintenant
Ne rien dire à l'école
Mais apprendre sa leçon
Nous sommes cousins du Nord
Des réfugiés…
Nos parents sont morts sur la route
Ne pas oublier nos noms
Surtout ne pas oublier
Parler avant sa petite sœur
Apprendre le « Notre père »
Ne pas l'oublier
Le réciter si problème
Apprendre à lire les yeux des hommes
Cacher sa peine
Même profonde

Onze novembre 1940

Des couronnes, des fleurs pour le Tigre
Des pensées au soldat inconnu
Les gens passent
Ils s'inclinent
Ils avancent les yeux bas, la tête nue
Ils sont là
C'est une foule
Les lycéens affluent de toutes parts :
de Buffon, de Condorcet, de Carnot.
Suivent les étudiants

Rasoir la préfecture…
L'interdit, la menace
Aujourd'hui c'est là qu'il faut être
Ils sont là
Mais au passage du vert-de-gris
Coups de pieds, de crosses
Arrestations
Peu importe…
Ils étaient là
Là où il fallait être

L'homme-avion

A Marcel Ferdinand Bloch (Marcel Dassault) ingénieur et industriel.

Le choix est là
Implacable
Collaborer et livrer la firme
Abandonner l'idéal
Abandonner sa vie
Les avions dessinés pour la France
Plutôt la mort
Plutôt se couper les ailes
Comme un homme ou un oiseau
Homme-oiseau
Homme-avion
Même s'ils viennent me prendre
Avec ma femme et mes deux fils
Je ne volerai pas pour la barbarie
Je préfère renoncer au ciel
Je préfère m'écraser

Le professeur

A Raymond Burgard. Professeur de lettres. Fondateur du mouvement Valmy.

L'histoire est eau forte
Au courant puissant
Il faut y mener sa barque
Flamme de son idéal
Le professeur aime ses élèves
Il leur apprend la liberté
Le professeur aime son pays,
mais il est entravé.
Le professeur est professeur :
de résistance.

A la Résistance étudiante

Etudier pour être homme
Et plus tard,
être un homme qui étudie.
Résister avec sa jeune conscience
Et plus tard,
de conscience résister.
Résister aux révocations
A tous les pièges de l'esprit
Esprit qui se forme
Se veut juste
Se veut libre

La foudre

A Henri Grouès dit l'abbé Pierre

Manqué de rien
Manqué d'amour ma mère
La foudre
Celle qui m'anime
Celle qui m'a rapproché de Dieu
Celle d'un homme qui déborde

Foutue guerre
Guerre foutue
Ma mission :
Promener le cheval du colonel
Avec son picotin…

Résister !
Partout contre la souffrance
Partout où il y a du danger
Je veux tordre la barbarie
Comme un colosse en soutane
Plus tard je tordrai la misère

La foudre
Celle qui m'anime
Celle qui m'a rapproché de Dieu
Celle d'un homme qui déborde

La grève des ombres

Aux mineurs du Nord-Pas-de-Calais.

Ici le rêve est de terrils horizon
et la vie sacrifice.

Ici la chaleur est profonde
Elle n'est que chaleur d'hommes

Ici la mort est une compagne
et la souffrance une habitude.

Ici les yeux sont la lumière
et les gueules noires déjà des ombres.

Ici la barbarie n'est pas reine
Elle impose mais n'est rien

Ici plus de cent mille cessent le travail
malgré les menaces, la prison, les otages.

Ici le temps est victoire
Autant de charbon qui n'ira pas à la machine

Ici on souffre pour son pays
plus que par l'accident ou la poussière.

D'Estienne d'Orves

« Que personne ne songe à me venger. Je ne désire que la paix. Dans la grandeur retrouvée de la France ».

Enfin ce procès !
Après tant de lieux, de lunes et de lignes
Après tant de jours morts et de nuits répétées
Les nuits de pas, de pierres et de plaintes
Les nuits sourdes des cachots
Je ne faiblirai pas plus demain qu'hier
Mon âme est un roc
Sertie du nom de mes ancêtres
Elle est comme la proue, le rocher
Elle est comme le brisant
Je veux être encore une fois
Une fois en mer
Goéland dans la tempête
Et la tempête n'est qu'un temps
Ce temps m'a rapproché de Dieu
Qu'il me donne la force
La force d'un Lyautey
Car je mourrai bientôt
Avant, je ferai pâlir mes juges, mes bourreaux
Au moins, je prendrai une part de leur conscience
Ma sœur…
Pense à moi au vent du large
Quand tu verras un corps d'océan
Mon âme est sur le ciel et la mer
Souviens-t'en

Réseau Nemrod
29 août 1941

Voici l'aube grise, celle des condamnés
Celle qui vient frapper pour parler à voix basse
Puis résonne un concert, aux portes des damnés
Pour saluer les hommes et les âmes qui passent

Moteur de l'autocar, du camion vert-de-gris
Ne manque que Marty… Il faudra qu'il surmonte
Le poids de son regard sur ses confiants amis
La ronde des pensées, les tourments de la honte

Les gardes sont tout près en posture de deuil
Car ceux-là sûrement les tueront tout à l'heure
Les hommes ont compris, assis sur leur cercueil
Qu'ils partent à présent pour leur sombre demeure

Ils savaient en roulant : leurs corps ne valaient rien
Ils devaient demander une mort qui soit fière
Ils jetaient leurs profils sur le mont Valérien
Sans bandeaux et sans liens, leurs consciences entières

C'est Marcel : Jan Doornik qui est mort le dernier
Venu les pieds en sang pour agir et se battre
Il aura vu mourir d'Estienne puis Barlier
Leurs âmes se dresser, crier la France et s'abattre

Le juge

Au magistrat Paul Didier qui refusa de prêter serment au maréchal Pétain.

Je n'ai de serment que pour la République
De serment que pour la vérité
Juge de responsabilité et d'honneur
Je ne jugerai pas pour eux
Je ne les servirai pas à genoux
Plutôt être jugé moi-même

La rencontre

Jean Moulin rencontre de Gaulle
De Gaulle rencontre Jean Moulin
« C'est un très grand homme »
« Grand de toute façon »
Celui-là portera la victoire
Il est raide, mais son cœur déborde
et crie la France quand il bat.
Il est froid d'apparence,
mais brûlant pour les siens.
Celui-là pense à tous
Il a risqué sa vie plusieurs fois
Il portera la France
Rétablira la République
Rendra la démocratie
Et bien plus, je crois.

C'est un petit homme brun, son regard est géant
Sorte de lumière sombre
Sorte de lumière d'âme
Mélange de chaleur et d'humanité
De gauche sûrement, il est plus que cela…
Fils de France
Fils des ombres
Il semble fort et déterminé
Tellement généreux et tellement droit
Qu'il donnerait bien plus,
plus que sa vie, je crois.

La Main Noire

Au réseau de jeunes résistants Alsaciens « la Main Noire ».
A Marcel Weinum

Nous voici, cœur d'Alsace
Tous gamins
Tous trop jeunes
Tous fils d'ouvriers
Et nous voici ici : cœur d'Alsace
Où il est impossible de résister

Mais notre main déjà s'est dressée
Du papier, de l'encre,
sur les murs à la craie.
Voici nos caches :
munitions abandonnées dans les forts,
explosifs et grenades.
Voici nos pointes, nos frondes contre la barbarie
Nos parents ne savent rien
Notre action est un secret
Pas un secret de farce
Pas un secret d'enfance

Nous n'ignorons rien de la peur,
ni de la mort en suspens.
Nous n'ignorons rien du sort,
si l'erreur nous surprend.

La boîte à chaussures

A l'anonyme combattant du parti des fusillés

Où est-il à présent ?
Il n'a pas réussi à lui parler
Une loi infâme
Un corps de brume
Un nouveau décret de l'occupant
Qui ne veut rien dire de son sort
Il n'a eu que cette boîte à chaussures
Avec insistance
Au risque de ne pas revenir lui-même
La boîte ce n'est rien
C'est un vide sur la table
Mais c'est sa vie même
Comme une lettre immense
de carton sale éclaté.
Sa mère ouvre la boîte
En pleurant elle sort chaque chose
Un bouton et du fil
Un couteau pliable,
avec ses initiales.
Son bonnet de laine
Quelques lettres…
Lettres d'amour aux temps amoureux
Des clefs qui n'ouvrent rien
Qui ont ouvert peut-être ?
Un brassard rouge et sa carte du parti
Du parti des fusillés
Un reste de tabac au fond de la boîte
Puis plus rien
La mère pense à l'enfant
Et à l'homme enfanté

Lui pense à son ami
Il ignorait que tant d'émotions
et tant d'années d'une vie
tiendraient dans une boîte à chaussures.

Le laitier

Au laitier d'Archigny

Le laitier passe
Passe la ligne
La ligne pour la collecte
Collecte le lait dans ses bidons
Bidons de lait et de messages
Messages des ombres
L'ombre du laitier

Le laitier passe
Passe la ligne
La ligne par habitude
Par habitude l'air innocent
L'air innocent : lait et courrier
Le courrier libre
Libre et régulier

Pensées d'un jeune condamné

A l'aurore demain j'aurai tout oublié
Mes amis, mon amour, les tourments de ma mère
Et ce rien de ma vie sur mon corps replié
Une charogne bleue que l'on porte à la terre

J'aurai vécu un peu ; juste le temps d'un cri
D'un jour et d'une nuit, de jeunesse à la guerre
Au futur et sans moi, à la lampe j'écris
Une lettre à vous tous, au ciment de la terre

Portez haut tous les fruits de nos mots emmêlés
Les pierres de nos sangs, de nos ombres plaintives
Tous ces corps généreux en un mot aimez-les

Car le bonheur je sais est chose collective
C'est aussi penser fort, aimer vivre en rêvant
Lire les cœurs défunts dans les yeux des vivants

Rejoindre

Evadé du stalag
Mille kilomètres pour rejoindre
Mille et des pas
A pied
Autrement peut-être
Ne rien dire en allemand
Pas même « merci »
D'ailleurs, éviter les routes
Eviter les gares
Et même, éviter les hommes
Mille pas
Mille regards impossibles
Mais rejoindre
Rejoindre la France
Rejoindre les ombres

Pleuville

Pleuville occupé
Pleuville non occupé
De chaque zone pour moitié
Des habitants qui transitent
Passent les réfugiés
Passent le courrier
Derrière la ligne
D'une moitié à l'autre moitié

Passeur d'hommes

Etre né ici
Par hasard
Là où la main d'histoire a tracé la ligne
Aux pas de nuit
Aux pieds d'aurore
Croiser les fugitifs
Choisir un jour, s'engager
Choisir de les faire passer
Pour rien…
De réseau
Et d'âme résistante

Quatre chemins
Un arbre après l'autre
Un passage de bête ou d'oiseau
Marcher et se taire
Marcher vêtus de sombre
Se tenir au pan
Deviner dans la pénombre
Un aviateur anglais
Trois enfants juifs sans leurs parents
Deux membres des réseaux voulant gagner l'Espagne
Et tous les autres…
Les voir se disperser sur un signe
Echapper aux pièges
Et qui ce soir ?

Les fusillés

Celui qui regarde
Loin… Ou les yeux des bourreaux
Celui qui défie
Celui qui prie
Pour lui ou pour les autres
Celui qui dit « vive la France »
Qui le crie et le pense
Celui qui chante :
La Marseillaise
Celui qui respire dans un sac
Respire encore
Les yeux bandés
Celui qui pleure
Sur les hommes et les damnés
Celui qui pense
Pense encore
Pense à elle, à tous
Celui qui crie
Qui explose, se débat
Et que la peur submerge
Mais qui de même quittera la vie
Celui qui tremble ou tient la main
Celui que l'on fusille évanoui

Au poète résistant « qui grimpe après les voyelles »
A René-Guy Cadou

Fragile
Ecorché
Amoureux
Amoureux comme le ciel et la mer
Comme la pluie sur les genêts
Hélène
Hélène encore
Fils de petite école
Qui sent l'encre et la craie

En guerre
Ecœuré
Malade
Sensible
Comme la brise ou l'enfant
Comme les mots ou la mer
A pleine poitrine
Révolté
Résister
Résistant
Résistance

Blum va parler
Procès de Riom (Puy-de-Dôme) 1942.
A la Résistance parlementaire

Il est assis devant, sans bouger, sans rien dire
Innocent sur le banc c'est Dreyfus avant lui
Il écoute le temps et ce témoin médire
Sur Jean Zay, sur Mandel et d'autres comme lui

Il écoute songeur et à échelle humaine
On le montre du doigt, mais le tour est usé
Ce procès n'est qu'un chien que le pouvoir promène
Retourner le poignard, à son tour l'accuser

Il porte ses regrets et songe aux cris d'Espagne
Choses qu'il aurait dû… Et ne plus reculer
Les pensées, les questions que le temps accompagne
« Le jour des pleins pouvoirs j'aurais dû leur parler »

Mais accusé par eux… Dérision ! Quelle offense !
Ce sénile vieillard et ce rien sans honneur
« Oui nous l'avons porté cet effort de défense »
« Pour aimer fort ce pays ; et chercher le bonheur »

La sueur sur son front fait glisser ses lunettes
Une tape à Félix, un signe à Daladier
Ce régime en entier est un corps malhonnête
Par devoir avertir, par les mots l'expédier

La parole a tourné, alors se dresse une ombre
Les mots sont une armée, à eux de s'élever
Ce corps maigre est sorti de son banc de pénombre
Son âme est entière, cet homme s'est levé

Bir Hakeim

A la première brigade française libre du général Koenig

La bataille ici n'est pas de sable
Pourtant en désert perdu
La bataille ici est de temps gagné
Et non d'honneur perdu
Une clé vers Suez
Un répit pour l'armée d'Angleterre
Un élan de France libre

Défendre nos trous
Derrière nos mines
Sous une tempête d'aviation et d'artillerie
Tirer jusqu'au dernier obus
On ne passe pas ici
En jours, en semaines
Le temps est victoire

Aux hommes pris par la guerre

Au poète Vercors (Jean Bruller)

A l'homme brisé,
détruit, bafoué, humilié.

A l'âme entière aux portes de la guerre
Jetée aux crachats du chaos

A l'homme défait,
réduit, impuissant, bâillonné.

A « l'homme coupé en tranches »
Dans le ventre du crapaud

A l'homme maintenu,
radié, rayé, enchaîné.

Homme de cendre lune
Qui pense encore, puisqu'il le faut

A l'homme qui ne partira plus
Ou à l'homme exilé

A l'âme lumière
Qui rêve de voler haut

Passy

A André Dewavrin responsable des services secrets de la France Libre.

Cette tâche n'est pas mon rêve
Mais en secret je sers beaucoup
Faire naître l'ombre des ombres
Etre nulle part et partout

Cette tâche n'est pas mon rêve
Mais que je l'apprenne bien vite !
Le temps, la vie, la mort des hommes
La victoire aussi en dépend

Cette tâche n'est pas mon rêve
Elle est une ombre sur les ombres
Soleil caché rien que pour eux
Mais qui peut et doit être ardent

Cette tâche n'est pas mon rêve
Mais elle grandit, devient l'hydre
Les bras tendus de nos actions
Cela nous lie, cela nous sert

Cette tâche n'est pas mon rêve
Mon rêve : retrouver la France
Et quand l'aurore reviendra
Je marcherai simple soldat

Source K
A Robert Keller : ingénieur des postes et télécommunications. Mort en déportation.

Pirater un câble
Le câble Paris-Berlin
Tout traduire de l'ennemi
Avec deux Alsaciens
Intercepter, noter, transmettre
Tout ce qui a une importance
Et même la voix d'Hitler…
Etre un tympan de l'ombre

Marie-Madeleine

A Marie-Madeleine Méric, responsable du réseau Alliance.

Toujours j'ai voulu être libre
Je rêvais enfermée au couvent des oiseaux
Mariée jeune et de pensées ivre
Ne m'imaginant pas la reine d'un réseau

Toujours j'ai voulu être forte
Quand mes doigts libérés volaient sur le piano
J'aurais préféré être morte
Plutôt qu'ange brimé aux matins automnaux

Toujours j'ai voulu être mère
Et Alliance a été mon tout premier berceau
Né de larme longue et amère
Il a porté ma vie et mon âme en sursauts

Toujours j'ai voulu être digne
Silencieuse, évadée, mon cœur est clandestin
Il bat, il a peur, il s'indigne
Pour les autres, bien plus, que mon propre destin

Le Progrès de Lyon

Nous ne pouvons plus écrire
Puisqu'il nous faut écrire hors de la vérité
Nous ne devons plus écrire
Plus rien ! Dans cette légalité
Nous sommes comme les yeux et les doigts de cette ville
Entiers de résistances
Labyrinthe des ombres
Le journal doit mourir aujourd'hui
Mourir en phénix

Mère des ombres

Une mère en silence
Femme de prisonnier
De l'amertume au cœur
Promène trois enfants,
avec quelques tickets.

Une mère en souffrance
de l'horizon défait.
La femme de l'exode
Elle vit chez sa sœur
avec deux réfugiés.

Une mère des ombres
Qui partage le pain
Recopie les affiches
Elle chante parfois
Pour endormir l'enfant
ou prier la victoire.

Anonymes de la France libre au Mont Valérien

Sur un corps de brumes et d'arbres
Un silence de nature où les hommes ont creusé
C'est un endroit hors du monde
Où se perdent les bruits et les cris
Un chemin de terre battue où la mort s'est cachée

Avec d'autres il avait quitté Fresnes
Que tout s'arrête enfin !
S'arrête ici
Quelque part hors de Paris
Vers le dénouement
Vers Suresnes

Ici le dernier chemin de poussière et d'odeurs vives
Avec le dos de celui qui précède
Le souffle d'angoisse de celui qui suit
Les pierres d'un tunnel
Le corps de la nasse
L'âme éteinte des chevaux

Des armoiries sur la bâtisse
C'est la croix de Lorraine qui les accompagne
C'est toute la France libre qui les porte
Le temps les glace un instant
Un claquement de salve dans l'écho des arbres

« L'abbé boche est encore là »
Ailleurs, de pâle honte, Stock marche avec eux
Celui-là n'est pas mauvais
Il a fait passer les baisers et les pleurs
« Aux hommes vous devez pardonner »

Ils sont entrés dans la chapelle
Dos après dos pour attendre leur tour
Ici, sur les murs de ciel
C'est un ciel d'adieux
Au crayon, à la pointe, à l'ongle
C'est un ciel de mots
De dates et de cris.

« Si tu veux écrire quelque chose »
« Je te passe mon clou »
Juste le temps
Il a fini « vive la France » commencé par un autre
Son nom n'a jamais compté
Seulement ses pensées

AVIS

Placardé sur le mur de l'école
Deux femmes et un vieillard s'approchent
L'oberfeldkommandantur machin chose…
Les condamnations…
Trois communistes machin chose…
Pour avoir participé à une manifestation
Les condamnés ont été fusillés
Pour ça…
« Je connais leurs parents. Ils ont toujours travaillé dur »
« Ils n'avaient pas vingt ans »

Le pianiste

Une ombre furtive
D'une main à l'autre
sa valise en cuir.

Dans une arrière-cour
un passage sans nom.
Qu'il faudra quitter bientôt

Les écouteurs aux oreilles
Un guetteur dans la rue
Et l'urgence de trois messages

Le doigt tremble au bouton
Plus qu'un à transmettre
en guettant un signe

Un signe… Des soldats dans la rue
La voiture mouchard
La valise… D'une main à l'autre

Radio Londres

La nuit est calme d'un signe lune
Et la ville au couvre-feu s'est endormie
Les volets sont tirés
Ils couvrent le son des poèmes
Dehors le chien veille
Les enfants sont au lit

C'est l'heure du silence,
du bouton qui grésille
et de la cinquième symphonie.
L'heure de la voix hantée
De la voix qui pense
C'est le signe de la victoire
à la BBC.

Si le message passe ce soir
Il partira comme une ombre
A vélo, sans un bruit
et sans autre lumière que celle de la nuit.

Chaque message est un ordre,
un accusé, un lien ou un leurre.
Mais ce soir est sans signal
Trois mots pourtant :
un enfant né bien loin…
Le bouton tourne sur ce nouvel espoir
La radio s'éteint

Poésie de cellule

A Jean Cassou

Loin du soleil
Sous la ville rose, invisible
L'homme attend la nuit pour écrire
La nuit pour réciter
Il n'a ni crayon ni papier
Il n'a pas même le droit
Le droit ici…
Peu importe
Nul besoin pour la poésie
Elle s'apprend en aède
De pensée répétée
Et renaît en phénix, longtemps après
Poésie de la solitude
Poésie des pensées
Son compagnon de cellule parti fusillé
Poésie de l'ombre
Au secret

TROISIEME PARTIE

La tourmente

« A côté de vous, parmi vous, sans que vous le sachiez,
toujours luttent et meurent des hommes »

Pierre Brossolette

Stalingrad : espoir de la Résistance

(Reddition du Maréchal Von Paulus le 31 janvier 1943 ; des restes de la sixième armée allemande le 2 février 1943).

Rien n'est invincible
Le fer peut plier
La bête reculer
Tant que des hommes se dressent,
rien n'est perdu tout à fait.
L'espoir peut renaître sur les cadavres
Sur les ruines
Sur les cendres
Au moins le feu s'est arrêté
Demain sera nôtre
Pour l'homme ou l'enfant il sera nôtre
Chaque message
Chaque combat
Chaque minute aussi sera nôtre
Jusqu'à la victoire

La Rose blanche

Aux jeunes membres du réseau allemand de Résistance « la Rose blanche ».

Ce que vous nommez « victoire » n'est que barbarie
Vos chants, vos élans, vos incendies
Regardez !
Si encore vous pouvez voir
Vous versez la mort
et buvez le crime.
Lisez !
Si vous n'avez pas oublié
Si vous n'avez pas tout brûlé
Vous perdrez l'Etat
Et vous perdrez l'Allemagne
Pensez !
Souvenez-vous de Goethe
Relisez la Bible
Bientôt il sera trop tard
Et vous serez comme ces tracts jetés
Jetés dans le chaos
Pages noircies, arrêtées
Sur pavés lourds de consciences

La Voix du Nord

C'est notre cœur, notre voix
L'encre de nos solidarités
Feu de notre courage
Nous sommes zone bras ouverts
Et non zone interdite
Notre voix n'est pas simple écho
Pas seulement un cœur de papier
Notre voix est faite de réseaux
De filières pour s'envoler

Départ STO

(Mars 1943)

Les jeunes à la gare
Entonnent la Marseillaise
Certains sont venus les voir partir
Et chantent avec eux
Le train est barbouillé
« A mort Laval »
« Cochon d'Hitler »
Ils cassent les banquettes
Tirent les alarmes
La troupe arrive
Qui tire en l'air
Le train part
Le train crie encore
Il roule : deux kilomètres
Freine, souffle et s'arrête
Des poutres…
Du bois de feu, de force et du fer
Beaucoup descendent ou sautent
Ils rejoignent les ombres

A Berty Albrecht

Résistante, féministe, cofondatrice du journal et du mouvement « Combat ». Elle se pend dans sa cellule le 31 mai 1943.

Sur les murs fermés de Fresnes
Pages de chaux épaisses et noircies
Une ombre promène sa main blanche,
ses pensées profondes,
larmées,
ses yeux d'eau.

Femme libre
Prisonnière mais libre
L'infirmière
La mère
Femme d'affaires et femme au combat
Ayant porté « Combat »
Enfanté « Combat »
Elle aussi…

Des questions la tourmentent
Les amis ?
Les prisonniers ?
Leurs familles ?
L'issue même du combat…

Vivre pour voir et comprendre
Mais vivre est impossible
S'éteindre tôt
Avant la torture

Le ramassis d'hommes

Tous traqués, radiés, bleus, clandestins et perdus
Et tous frères et seuls de vent libre éperdus
Anciens des brigades, patriotes, humanistes
Des chrétiens, des athées, francs-maçons, communistes
Socialistes du Front, mais aussi libéraux
Et même cagoulards, drapeaux blancs et floraux
Et tous la France au cœur ou de terre lointaine
Exilés espagnols, polonais dans la peine
Officiers, ouvriers, journalistes, tourneurs
Des paysans, des préfets, cheminots ou mineurs
Tout l'honneur des poètes, tout le vent d'écriture
Tout le sang du devoir et le goût d'aventure
La poignée du départ puis la vague sans fin
Les premiers à mourir, le STO enfin
Hommes, femmes, enfants pour un choix dans l'histoire
Tout le cœur des maquis pour le « V » de Victoire

La maison de la rue Chambovet

A René Tavernier

Lyon de brumes
Et Lyon de neiges
Quartier Montchat
Un passant se presse
Puis s'arrête aux vitrines
Observe leurs reflets
Il connaît la peur et les temps d'histoire
Il connaît les hommes et leurs silences
Aux murs de brumes
Marche un peu plus loin
Revient enfin
Et tourne à l'angle de la rue Chambovet
C'est qu'il faut préserver ce sanctuaire
Cette maison
Ce jardin
Et toute l'armée des lettres qui y vient
Qui y vit
Préserver ces « confluences »
Les lettres de la victoire
A tout prix

L'enfant de l'ombre

L'enfant a peur
Il marche au soir de lune sombre
Pas sur la route à peine éclairée,
mais au sentier deviné.
Presque d'arbre en arbre
Il marche avec les peurs de son âme enfantine
La nuit, l'ogre, le néant et la pénombre
Le cauchemar infini, la branche et le loup

L'enfant a peur
Il a peur de craintes adultes
Peur d'émotions devinées.
La mission c'est le message
Le danger la patrouille
Le son, la botte et l'arme,
le noir vert-de-gris, le flair du chien-loup.

L'enfant a peur
Peur d'avoir perdu son message.
Il cherche et le maquisard attend
Il donne, on lui tend
Sa mission est urgence
On compte sur l'enfant

De nouveau il ouvre la pénombre
L'arbre, le rocher, le vent et les hommes,
le chemin qui bouge et les ombres floues.

L'Honneur des Poètes

A Pierre Seghers, Paul Eluard, Jean Lescure, Jean Bruller et tous les autres...

Résister avec les mots
Partir de tout ou de presque rien
Dire…
Jusqu'à lever un océan d'âmes
Nous publierons ici et ailleurs
Nous avons plus de vingt plumes
Plus de vingt voix
Corps de poètes
La cause est juste
Et chaque rime comme autant d'armes de l'esprit
Midi sonne pour nous
Et Minuit nous accompagne
Nos pages d'ombres à Minuit
Notre étoile
C'est le glas de la barbarie
Sous le déluge des mots

Aux poètes en Résistance

A Pierre Seghers
A tous les autres

Le combat par et pour les mots
Le combat par et pour l'esprit
Aux poètes en Résistance
« Poètes casqués »
« Poètes d'aujourd'hui »
Poètes clandestins
Poètes proscrits
A tous ceux qui portaient la liberté des lettres
Ecrivaient l'ombre au secret
Et dormaient avec la lune

Vidal

Au général Charles Delestraint, mort en déportation à Dachau en Allemagne.

Le temps est seul colosse
Lui marche invaincu et décuple nos forces
Bientôt de corps, d'ombres et de fer
se lèvera l'Armée secrète.
Un rien pour l'instant
Une bête assoupie
Elle s'entraîne sans un écho
Sans coups ni départs
Un jour elle sera prête
Un jour de feu et de devoir
Se lèvera la tempête
Ce jour elle sortira :
des bois, des montagnes, de la terre.
Comme la vie, comme le temps
Elle marchera invaincue
Car la barbarie ne peut vaincre
Demain ce jour
Demain…
J'ai ce seul regret
De ce sombre mouroir
De ce camp d'Allemagne
Je n'en verrai rien

Normandie-Niemen

A l'escadrille de chasse française Normandie-Niemen créée en septembre 1942 : 5240 missions, 273 victoires confirmées. Sur 96 pilotes 42 ne sont jamais revenus.

Voler c'est être libre
Les ailes de France sont libres
Voler c'est donner l'espoir
Les hommes d'en bas vivent d'espoir
Leurs yeux voient loin…
Touchent les étoiles de nos Yak
Et c'est leur cœur qui vole et se bat
Même s'ils ont du mal à marcher,
à résister, à vivre.

Le ciel est notre page
Le Niémen notre fierté
La France notre idéal
Perle France
Souvenirs brûlants
Nous la survolerons de nouveau
Dos au soleil naissant

Mort de Jean Moulin
Quelque part dans un train qui roule vers l'Allemagne le 8 juillet 1943.

Bercé sur temps de rails
Musique autre : de roues, de rames, d'arrêts
qui fait crier le fer
et bien sûr les pensées.
Je ne sais plus ni l'heure ni l'endroit
J'ai oublié le jour et la nuit
Je ne suis qu'une ombre
Et mon corps, de coups portés, n'a plus forme humaine
J'ai même oublié mon nom. Je crois…
C'est peut-être Max ? Moulin ou Mercier ?
Delacour ou Rex ?
J'ai dû perdre mes papiers
Ils sont cachés je pense
Cousus dans la poignée de ma valise
Ou au revers de mon chapeau
Mais je n'ai plus ni valise ni chapeau

J'ai oublié
Mais aux traits de lumière pâle je me souviens
Je me souviens les visages de ma sœur et de ma mère
Ceux de chaleur des hommes de courage
Je me souviens de la Durance
et de ses reflets d'eau emportant le soleil.
Je me souviens le vent dans les cyprès
et le point des neiges sur le mont Ventoux
La terre de France
Je me souviens… Je me souviens…
Et c'est le souffle de l'âme immense qui s'éteint

Aux femmes de l'ombre

Aux femmes de l'ombre
Filles, épouses ou mères
Arrachées, déportées
Femmes des réseaux
De l'aide ou du combat
Soutiens des maquis
Femmes des fermes
Qui donnaient l'eau, le lait et le pain
Femmes sensibles
Qui cachaient l'homme ou l'enfant
Femmes fières, apeurées
Femmes tondues des camps
Qui perdaient leurs règles
Ou cachaient le nouveau-né
Femmes restées libres
Qui défiaient leurs bourreaux en chantant

Aux réfractaires STO

« Il leur fallait les bras des hommes » Louis Aragon

Nous n'irons pas
Nous ne donnerons pas nos bras à la barbarie
Ni d'une classe ni d'une autre
Les prisonniers, la relève et les rafles ne leur suffisent plus.
Buveurs de sang et buveurs de sueur

Nous n'irons pas
Ni au recensement ni à la visite
Méfions-nous des mairies, des universités
Bien sûr de la police
C'est une toile qui se tisse
Qui arrête pour les convois
Convois d'esclaves

Nous n'irons pas
Nous ne sommes pas seuls
A Montluçon le 6 janvier…
Ils ont bloqué la gare.
Partir c'est fabriquer les armes qui nous oppriment
C'est assassiner son frère

Nous n'irons pas
Prenons la clef des champs
Ne nous trompons pas d'armée
Préférons celle des ombres
Avec Jean, André et Paul
Deux étudiants et le fils du boulanger
Nous n'avons plus ni papiers, ni identité, ni existence
Que celle de la France et de la liberté

Le dilemme

Attaquer le convoi
Il est temps
Agir peut-être
Agir maintenant

Attaquer c'est condamner
Condamner les otages
Des sympathisants et de pauvres gens
Et ne rien faire…
C'est cesser d'exister

Attendre c'est aussi se perdre
Peut-être sont-ils déjà perdus ?
Cesser l'action : ceux-là seront libres
Peut-être…
Ou libres d'espérer

Pantagruel

A Raymond Deiss. Editeur de musique, fondateur du journal Pantagruel. Décapité à la hache à la prison de Cologne le 25 août 1943.

Cette ronde de bourreaux !
Je ne me suis pas battu pour rien
Même si mes jambes me portent à peine
Même si mon dernier sang bout dans mes veines
A voir ce mauvais théâtre
A voir la hache de la barbarie
Je ne me suis pas battu pour rien
Adieu musique de ma vie
Adieu mon journal
Adieu Pantagruel
Géant de lettres
Torrent de vérités
Enfant de Résistance

Résistance en Corse

Hitler et Mussolini voudraient bien
Ici ils ne tiennent rien
Ils doivent se battre contre le hasard
Contre le maquis et la montagne
Contre la pente et la mer
Ici ils paradent dans des villes fantômes
Sur une terre refermée
Et même les volets sur leur passage restent fermés
Ici, de coutume, les gens se taisent
Ils ne font que passer
Qu'ils comprennent enfin !
L'île tout entière est une embuscade
Une terre très tôt libérée

L'abbé Pierre

A Henri Grouès

Je peux…
Je peux vous présenter quelqu'un
Quelqu'un de sûr. C'est un prêtre
Un aumônier
Sorte de curé maquisard
Sorte de curé tigre
Vous verrez…
Vous serez surpris
C'est une âme bien trempée
Droite comme sa croix
Ou celle de Lorraine
Vous verrez…
Il cache, organise
Il soulage
Il transmet
A la fois faussaire et passeur d'hommes
Vous verrez…
Non…
La clandestinité ne lui fait pas peur
L'illégalité non plus, pour ce qui est juste
Vous verrez…
On l'appelle par son nom de guerre :
l'abbé Pierre

La Résistance à vélo

Jeune et sans chaînes
Le vent au visage
Le vent sous la chemise
Les cheveux libres
Pédaler libre
De soleil ou de pluie
Des messages aux nuages
Des messages sous la selle
Des pièces au pantalon
Des pièces de revolver
Cachées dans le tube du cadre
L'insouciance
L'adrénaline en croisant la patrouille
Jeune et sans chaînes
Et la chaîne qui déraille
Parfois…
Après la mission repartir
En zigzaguant entre ombre et soleil
Sur la route déserte

La rencontre de deux ombres qui ne se connaissent pas

Le visage
Le mot de passe
L'élan et le doute
L'élan de l'idéal
Le doute de la trahison
La flamme à encourager
Les mots qu'il faut taire
L'essentiel
La mission

Résistance au château

D'après les anecdotes du château de la Brède

C'est un corps de tours grises
De pierres, d'arbres et d'eau
Un chemin d'âme
Celle du philosophe
Entre pont et vignes
Entre terre et lumière

La châtelaine aussi est d'âme forte
Comme son ancêtre
Et sous les fleurs,
sous les armes anciennes
s'entassent les armes des ombres.
Officiellement du jardinage,
des rangs d'asperges.
Les Allemands sont venus
Pour tout retourner
De guerre lente
Devant la malle de Montesquieu
ils n'ont pas osé.
Malle d'histoire et de souvenirs,
aux nouveaux émetteurs.

Autre déchirure

Dans le chaos le choix des hommes
D'Histoire
D'émotions
D'appartenances
L'aurore ou le crépuscule
Celui qui et celui
La flamme et l'ombre
La flamme ou l'ombre
Le corps éblouissant de la nuit
C'est l'un ou l'autre
C'est l'un et l'autre
Ou ni l'un ni l'autre
Ce sont les frères et les voisins
L'ami d'enfance et l'âme sœur
Ce sont tous les visages
Tous les instants
Toutes les paroles
Nulle chose humaine n'est pire que la guerre civile

Grenoble résistante

Feu d'artifice et vacarme
La nuit entière est lumière
La ville entière est lumière
Des yeux d'étoiles en cascade et aux fenêtres
L'arsenal a encore sauté
Ici, les munitions sautent à peine entreposées
Un vrai bonheur !
Un feu d'honneur
Mais ils se vengeront
De rage et de rondes, ils se vengeront
Comme la dernière fois
Sur chaque passant de nuit
Nous savons…
Mais Grenoble retournera au feu du jour
Chanter la Marseillaise et se tenir la main
Partout…
Même où tant d'autres ont disparu
Au parc des expositions
Au monument des Chasseurs alpins
De France, d'horizon et de montagnes
La ville sera libre à nouveau
Ou rien

Le Noirvault

C'est un lieu oublié
Juste dix feux près de Moncoutant
Loin de la route et des hommes
Loin de tout
Un horizon qui n'est pas l'horizon
mais le corps des arbres.

A vivre ici le cœur des hommes aurait pu se fermer
Aurait pu…
Mais le contraire arrive parfois
et le corps des arbres,
les feux perdus
ont ouvert leurs bras.
Aviateurs, mères juives, prisonniers, réfugiés, clandestins,
Alsaciens, réfractaires…
Et des enfants
Des enfants sans noms
Sans familles
Des enfants aux faux noms
Fausses familles
Et pas un ne fut arrêté

Les mots tombés du ciel

A Paul Eluard

Hier
Je rentrais au long de lune
Dans la ville éteinte
Je pressais le pas contre le vent
Je sentais et ressentais quelque chose
Puis les sirènes ont retenti
Et moi tout le soir en balade
Et moi nez en l'air
Je courais à présent
Comme un gosse face au loup imaginaire
Comme un paumé dans la guerre
Aucune explosion
Seul des mots sont tombés du ciel
Du blanc de tracts
Des ailes de pages
Comme les colombes du parc
Un avertissement ou un conseil : un poème
« Liberté »
Ce qu'il nous fallait…
Un regard, un voyage, un appel
Une invitation sur mille supports
Depuis, je sais résister seul
Au crayon gras, caché sous mon col
Je retourne les murs
Je détourne les affiches
J'écris en passant égaré
A la faveur des ombres
J'écris « Liberté »

Le combat d'amour

A Louis Aragon

Je combats pour la France
« La Diane », « la femme aimée »
Pour le rouge et mon amour
Je me cache
Je me bats
J'existe avec elle
J'ai peur pour deux
C'est un chemin d'espérance
à l'itinéraire clandestin.
Je dors chez le combattant, le poète
Avec elle
Je lui tiens la main
J'écris sous sa lumière
Pour ses yeux

L'échelle

L'échelle est contre le mur
Contre le mur de la ferme
La patrouille est passée
Pas d'échelle c'est risqué
Si le seau est accroché à l'échelle
Une colonne entière est passée
Si le paysan monte à l'échelle
C'est qu'il y a du courrier
Ou qu'il rentre son blé

L'orphelin

A Missak Manouchian, poète et combattant, fusillé le 21 février 1944 au Mont Valérien.

Ce soir d'étoiles
Ce soir de prison
Aux portes de mes yeux la nuit est immense
Le souvenir de tes mains passe sur mon visage,
comme à l'accoutumée.
Rien n'est éternel je crois
Et la vie est une page,
après une autre page.
Sois heureuse Mélinée
Tu dois vivre et être heureuse
Au ventre lune
Dans une caresse porter l'enfant
Bercer le temps
Bercer
C'est porter le bonheur je crois...
J'étais l'enfant du chaos
Je me souviens quand les Turcs ont pris mon père,
et la faim ma mère.
D'amour, je me souviens le visage d'une mère kurde,
le sourire des sœurs de France
les bras de ce pays.
Cet amour je l'ai rendu :
dans le travail, les lettres et le combat,
maintenant dans la mort.
Je meurs demain
Je meurs sans haine
Je meurs pour tous, loin de tes bras

A Pierre Brossolette
Mort le 22 mars 1944. Torturé pendant deux jours, se défenestre pour ne pas parler.

Dialogue avec un tortionnaire
Tout droit à son œil de veau
A sa gueule de singe
A son plat cerveau

Laïcité et honneur
Ligue des droits de l'homme
Et journaliste en plus…
Non pas scribouillard collabo

Il a ajouté croix de guerre
Pour le faire pâlir
Enseignant en plus
Pour le faire maudire
« Ajoutez » : « à qui on a interdit d'enseigner »

Puis il n'a plus rien dit
Puis il a pensé à la rue de la Pompe
A sa boîte aux lettres
« Aux soutiers de la gloire »
Aux visages de sa vie
A sa gueule d'enfant
A sa foutue mèche…
Qui l'a fait reconnaître
Puis il n'a pensé qu'au gardien,
au vide,
à la fenêtre,
à ces cinq pas.

Maquis des Glières

Tenir
Tenir longtemps, un peu, quelques jours
C'est le monde et la France qui nous écoutent et nous regardent
Juste pour qu'ils disent et espèrent
Qu'ils nous voient au moins capables
Capables de nous dresser
Et même…
Même si nous sommes l'armée d'infortune
Même si nous sommes vaincus, défaits
Nous aurons existé pour les ondes, les journaux et les mémoires
Peut-être gagnerons-nous des cœurs ?
Peut-être viendront les armes ?
Encore un jour
Un jour encore
Et à la faveur de la nuit nous décrocherons
Disparus du bord des pentes
Nous reprendrons plus loin la vie clandestine
Jusqu'à la victoire

« Ombre parmi les ombres »

« Ce n'est pas la poésie qui doit être libre, c'est le poète »
Au poète Robert Desnos mort du typhus en déportation.

Mine de rien…
J'écris encore dans « Aujourd'hui »
« Aujourd'hui censuré »
Pépin de vérité
Où écrire ne sert plus
Ne sert plus à rien
Cela me fait une tête d'ange
Cela me sert d'alibi

A côté je peux agir
Agir vraiment
Je transmets quelques papiers
Je transmets aussi de faux papiers
Pour emmerder Hitler
Et le « Maréchal Ducono »

La Gestapo arrive
Paraît-il…
Il faudrait fuir comme un lapin
Et laisser Youki…
J'écrirai donc en prison
« ombre parmi les ombres »

Quand nous serons libres

Programme du CNR

La lumière des ombres est comme le vent portant
L'élan même des oiseaux
C'est un phare dans la nuit
Un géant de tonnerre
Un point de lune dans l'encre du soir
Et ses reflets marchent sur les eaux
Quand nous serons libres
Quand nous aurons soufflé une à une les chaînes de la barbarie
Nous pousserons un peu plus loin la pierre de notre société
Nous la pousserons de mains et de mémoires d'hommes
Pour que renaissent ici la liberté, la pensée, la conscience
Par la radio et la presse : l'expression
Créer une sécurité sociale pour tous
Une retraite pour tous
Pour que l'économie nous serve tous
Pour retrouver la France dans sa puissance, sa grandeur, sa mission universelle
Quand nous serons de nouveau libres
Quand la souffrance nous aura quittés
Nous devrons penser loin
Nous retrouver tous
Retrouver tout
Et même l'humanité

Romans-Petit

J'ai la responsabilité d'hommes
Je leur dois la victoire
Nous serons nombreux mais invisibles
Nous serons immenses mais minuscules
Nous frapperons toujours
Mais sans rester
Nous serons partout et nulle part
Nous honorerons nos morts
Nous chanterons la Marseillaise

J'ai la responsabilité d'hommes
Je leur dois la victoire
Nous protégerons
Nous ménagerons les civils,
tout en promenant les divisions.
Le coup de feu dès que possible,
des grimaces sinon.
Et finalement nous serons libres
Libres par nous-mêmes

Pierrette
A Golda Bancic : FTP MOI, mère, résistante, juive, communiste. Morte décapitée le 10 mai 1944 à Stuttgart.

C'est le printemps qui naît, la terre va fleurir
Je serre des deux mains le corps blanc de ma lettre
Elle emporte mes bras et mon cœur pour chérir
Quand je serai perdue. J'ai douze heures peut-être

C'est le jour qui revient et mes yeux vont mourir
Sois fière Dolorès ! Le monde va renaître
Les chaînes vont tomber et le présent s'ouvrir
La victoire viendra, mais je vais disparaître

Sur mon corps la cacher : il est l'heure, on m'attend
Que le trajet soit long ! Et ma main opportune
Pour la jeter au ciel il me faut un instant

Rien qu'une âme au hasard, pas l'égout d'infortune
Blanche sur le pavé et l'ombre d'une main
Laissez vivre mes mots. Ils parlent pour demain

Note jointe (texte de la lettre)

« A la Croix-Rouge française ».
« Ma chère madame. Je vous prie de bien vouloir remettre cette lettre à ma petite fille Dolorès Jacob après la guerre. C'est le dernier désir d'une mère qui va vivre encore 12 heures. Merci ».

Parachutages

La zone est quadrillée
Les signaux sont en place
Le vent est bon
Mais il tourne…
Quatre font le guet
Trop de lune
Ou pas assez

Voilà les premiers conteneurs
Les premières toiles à étouffer
Foutues caisses !
Du long et lourd
Les Sten peut-être ?
Les Sten espérés
Le dernier : des revolvers
Un pour trois
Des médicaments et du papier

A Jacques Bingen

Délégué du général de Gaulle auprès de la Résistance intérieure. Mort à Chamalières (Puy-de-Dôme) le 12 mai 1944. Pour ne pas parler, il avale sa capsule de cyanure.

Je veux servir réellement
Pour se dresser sous ces jours sombres
Et pour armer l'armée des ombres
C'est servir dangereusement

Porter la France en son serment
Organiser dans la pénombre
Non pas pour soi, mais pour le nombre
C'est aimer fort, aimer vraiment

Si je suis pris qu'un autre suive
Perdu je sais : mon âme est juive
Et je tiens leurs vies en secret

Alors une seule tournure
Une mort certaine : au cyanure
Hors du temps et de tout décret

La bête-hommes

Aux maquisards du Mont Mouchet

Ici le sort des hommes est hanté
D'eau vive, de feu vert, de sang fer
Milliers d'âmes déterminées
à vaincre, à retarder.

Ici est l'antre de la bête
Repaire en Margeride
Corps des maquis d'Auvergne
Entière de têtes et de griffes

« Ici commence la France libre ! »
Même si les villages brûlent alentour
La bête-hommes existe
Son cœur est incendie

Débarquement : le signal

« les sanglots longs… »
« blessent mon cœur… »
Les larmes aux yeux
Les mains qui tremblent
Se battre enfin pour être libres
Le pont, la voie ferrée
Le château d'eau
et tous les pylônes.
Tout ce qui peut servir à l'ennemi
Et l'ennemi lui-même
Attaquer les colonnes
Libérer la ville
Libérer son pays
Enfin !

Les pendus de Tulle (9 juin 1944)

Les pendus au corps du jour
n'ont ni sève ni mémoire
Trop jeunes ou assez vieux
Ils n'ont presque rien à dire

Les pendus au corps du jour
Tanguent suspendus aux arbres
Ils sont larmes aux balcons
Des ombres aux réverbères

Les pendus au corps du jour
Aux chaussures non cirées
sont les tout derniers du tri
du tri d'heures, du tri d'hommes

Les pendus au corps du jour
Achevés à coups d'échelle,
de mitraillette ou de rien
sont pantins de barbarie

Les pendus au corps du jour
sont-ils maquisards ? Peut-être…
Epouvantails de terreur
Ils sont corbeaux de malchance

Le Maire

Au docteur Paul Desourteaux, maire (Président de la délégation spéciale) d'Oradour-sur-Glane.

Des otages…
Des hommes
Ou femmes… Peu importe
Chairs de représailles
Pour contrer la Résistance
Des hommes du village
Des corps à fusiller
Sinon ils choisiront
Sinon ils vont rafler
Sinon ils vont tirer
Tous se regardent
Longuement
Le maire s'avance
Propose de se livrer
Lui seul
Ou lui et les siens
Si cela ne suffit pas
Rien de plus

QUATRIEME PARTIE

L'heure est venue

« Chacun est l'ombre de tous »

Paul Eluard

Le vent d'ouest

Il souffle libre
Souffle l'espoir et la force
Ce qu'il nous faut !
Il arrive de la côte
Pousse les colonnes à l'est
Il se déploie
Libère les villes
Les villages l'un après l'autre
Il souffle de nouveaux sons
De nouveaux rythmes
La liesse et la fête enfin
Goût de chewing-gum et de victoire
Il amène avec lui bien des nôtres
Armée des ombres en exil
Que nous ne connaissions pas

Les derniers pas

A Jean Zay. Assassiné par la milice le 20 juin 1944 près de Molles dans l'Allier.

Je ne survivrai pas
Et vous mes amours
Je ne vous survivrai pas
Défuntes réformes rédigées en prison
D'autres y penseront
D'autres de même âme
Car je ne rêverai bientôt plus
Ailleurs peut-être…

Ceux-là ne m'épargneront pas
Ceux-là me tueront dans cette carrière
Je suis juif
De gauche et franc-maçon
J'ai soutenu avec d'autres l'Espagne républicaine
J'ai pleuré sur Munich
De ma politique je ne regrette rien
Je n'ai jamais fui
Epris de légalité,
je ne me suis pas même évadé.
Adieu vous qui vivrez
J'avance vers la carrière

Au maquis du Vercors

Si près de choses invincibles
Portés par les montagnes
Dans un ciel blanchi d'étoiles et de lune
Si jeunes d'ardeur et de fougue
Tous liés
Tous frères
Tous portés
Heureux de leur drapeau
De leur République
Fiers d'engagement dans une France retrouvée

Vercors comme un défi
L'altitude rendait libre
Peu importe s'ils n'étaient pas prêts
Avec au ciel d'attente une arme pour deux
Avec au cœur l'amour et la justice,
la France, le droit et même le bon Dieu.

Ils avaient oublié que la guerre est autre
Chose mathématique
Choses encerclés
Le nombre, l'aviation, les bombes,
le feu des mitrailleuses
et même les planeurs.
La nuit rougissait de corps libres
D'innocents déterminés

Le feu est fort
Et le combat ici se terminait
Ombres courbées, blessées,
marchant avec les civils de Vassieux.
Pauvres gens qui les pleuraient et les aidaient
avec au regret le souvenir des morts.
Mais pour se sentir de nouveau libres
Oui libres !
Ils se battraient encore

Le temps est venu

Au général Gabriel Cochet

Après tant de mises en garde
Tant de désespoir
Tant de solitude
Après le clou de la défaite
Le poison des paroles
Me voici encore aviateur sans ailes
Mais le cœur est là
A l'heure de l'espoir
Après avoir tant attendu
Le temps est venu pour les FFI
Le temps de passer à l'action
Le temps de la reconquête

Les clous

Résister sans armes

La colonne stoppe
Elle se dirige sur Lyon
Deux pneus crevés
Sur deux camions
Les Allemands pestent
Ils tireraient bien
Mais ici… Rien.

Les chars passent
L'autochenille
Devant
Puis les camions
Un autre crève
C'est du caoutchouc
Rare
C'est de l'essence
Précieuse
C'est du temps
Du temps pour la victoire

Les fermes brûlent

Les fermes brûlent au lointain
En épaisses fumées d'abîme
Une femme pleure et s'abîme
Sur l'âtre d'un corps qui s'éteint

Les maquis trouvaient là du pain
De la chaleur et de l'estime
Du réconfort jusqu'à l'ultime
Et leur courrier sous un sapin

Le fer a mitraillé les bêtes
Et du chien ne vit que la tête
Sous ses yeux noirs épouvantés

Les flammes ont pris le grand-père
L'enfant qui attendait sa mère
Dans un rêve bleu tourmenté

Le député

A Charles Tillon

A la fois rouge et libre
Le nombre et la force
Pour nos Francs-tireurs
Nos partisans
Armée des ombres
Et de guérilla

A la fois rouge et libre
Désobéir pour servir
Mais organisés et préparés

A la fois rouge et libre
Elu et condamné
Député et proscrit

A la fois rouge et libre
Libre de son propre appel
Aider tous les résistants
N'avoir que des frères dans l'action

Les hommes du rail

Quai de nuit
Lignes de rails
Et sur le mur éclairé : ligne d'ombres
Crantés de noir
Aux visages marqués
Hommes et cheminots
Frères de pénombre

Tous dressés, en attente
Ce sont les bahnhof qui s'agitent
Et changent les étiquettes sur les wagons
Le temps s'écoule en montre d'officier
Et un corps de fer froid roule sous leurs yeux sombres

« Sabotage ! »
Et la vie tressaille sur le corps des hommes
Sur la ligne en otage
Le bahnhof explique en allemand
Du sable dans la boîte à graisse…
Au niveau des essieux

Le train ne partira pas
Pas de suite
Tout chargé qu'il est de vert de fer et de vert-de-gris
Les ordres s'enchaînent
Et c'est un concert de sirènes au vent proche et lointain
Salut des condamnés
Ceux-là mourront debout, au mur d'adieu, en se tenant la main

Bertrand

Au docteur Joseph Brau. Résistant, déporté, devenu médecin radiologue à Buchenwald.

Ici je suis utile
Ici je sais la souffrance
Buchenwald est un trou béant
Fait pour éteindre les hommes
Ici j'ai compris
Que chaque trou a sa lueur, sa racine
Une racine d'infirmerie
La main du Revier

Etre médecin ici
c'est ramasser les hommes.
Offrir une pause
Pause dans la mort,
l'abject et le néant.

Etre médecin ici
c'est prolonger la vie en résistance.
Jusqu'à la limite
Limite du système
ou de l'exécution.

Etre médecin ici
c'est parler aux mourants
Donner la chaleur
Donner une issue peut-être
Se battre
Disputer un à un ces corps maigres à la faucheuse
Au broyeur d'hommes

Pilote des ombres
A Antoine de Saint-Exupéry. Disparu en mission le 31 juillet 1944.

Je sais la nuit et la lumière
Je sais la peur du silence
Toujours libre au vent portant,
au rang des étoiles.
« Pique la lune » elle m'accompagne
Je n'ai plus de forces je sais…
Et mon Lightning n'est pas même armé
Reste le cœur
Reste les ailes

Je passe sur ma terre et je pleure sa liberté
Je me souviens : souvenirs du ciel,
quand les fourmis de mon peuple fuyaient l'avance
allemande.
Je me souviens que coulaient les routes noires comme
larmes d'exode.
Et je devinais les corps qui s'écroulaient, se rendaient
Et je ne pouvais rien faire pour les soulager

Aux lueurs d'horizon
Au bruit du moteur
Je cherche l'encre de ma solitude
J'ai vu le voile noir piquer et se placer
Et si tout s'arrêtait ?
Si la fin avait des ailes de fer,
une lumière de feu sur terre d'eau ?
Et si la mort était bleue comme la mer ?

Capitaine Goderville

A Jean Prévost : poète et combattant du Vercors, tué les armes à la main au pont Charvet le 1er août 1944.

Notre cheval de Troie s'effondre
Et avec lui
Tous les cœurs des hommes qui le faisaient vivre
Le massif saigne
Nos âmes saignent aussi

Quitter la grotte des fées
Sauver ceux qui restent
Gagner Sassenage par le Pont Charvet
Ici il faudra nous battre encore
Cheveux au vent et poitrines ouvertes
Et toujours avec des armes comptées
Adieu Stendhal
Adieu Baudelaire
Adieu la pluie
Adieu les rêves d'enfants portés

Le paysan et sa terre

Le paysan regarde sa terre
D'amour
Au vent de décembre
Aux brumes de mélancolie
Les arbres sont aux corps des anciens
Racines de leurs âmes portées
Comme les murs et le chemin

Les Allemands tournent
Ils passent
Ils prennent le lait et les œufs
Peu importe qu'ils pillent…
Pourvu qu'ils oublient la fosse

Sous le jus dorment les fusils
Les conteneurs parachutés
Le trésor des maquis
Cette nuit même
Il poussera le tas un peu plus loin

Leclerc

A Philippe de Hauteclocque

Libre
Evadé
Repris
Evadé
Encore libre
Blessé mais libre
A pied, en voiture, à vélo
Dans un char enfin !
Piquer, mordre !
Piquer encore
Droit sur Paris

L'heure est venue

Au colonel Rol-Tanguy

L'heure est venue
Je l'attends depuis tant d'années
Morts ou libres
Et la roue a tourné

L'heure est venue
Nos barricades les paralysent
Nos francs-tireurs, la population
Tous sont prêts

L'heure est venue
Pas de trêve cette fois
Nous aurons la reddition
Ou notre sort sera funeste

L'heure est venue
Le combat pour Paris
La fièvre ultime
Le peuple en marche

L'heure est venue
Des chars français sont dans Paris
Parmi eux des camarades d'Espagne
Des frères de l'Ebre Théo !

L'heure est venue
Le peuple est magnifique
Le soleil est avec nous
Demain sonnera Paris libre

Paris Libre

Aux barricades comme jadis
Des chaînes de pierres et de pavés
Il faut nous battre tous
C'est le combat ultime
Le combat pour la liberté

Les armes sont comptées
Un fusil par groupe
Une grenade pour deux
Des pavés, des bouteilles…
Nos heures peut-être également comptées

Beaucoup ont été lâches
Mais tous veulent risquer le combat ultime
Le peuple aux côtés du peuple et des FFI
Des ordres viennent de Denfert
La Préfecture se dresse. Enfin !

L'issue est incertaine
Mais il y a le cœur, les drapeaux et l'enthousiasme
Même les anciens ont sorti leurs pétoires
Les fenêtres sont des meurtrières
Les rues des nasses

Tout peut arriver
Tout d'un jour à l'autre
Mais Paris est là
Qui se bat, qui déborde, qui exulte
Qui veut lui-même se libérer

De Gaulle descend les Champs-Elysées
Paris libéré
« Il y a là des minutes qui dépassent chacune de nos pauvres vies… »
Charles de Gaulle à Paris le 25 août 1944.

Ils sont tous là
Et c'est un flot d'allégresse
C'est le moi des yeux et des visages
Le peuple comme il l'a rêvé
La foule est immense
Cette foule c'est Paris
Paris libéré !
Jusqu'aux toits, aux réverbères
Jusqu'aux fenêtres
C'est un vent de drapeaux, de cris, de chansons

Il vient
L'élu au vent d'histoire
L'ému qui ne sait plus marcher
Tout empli de bonheur sincère
Celui qui a averti
Celui qui s'est dressé
Celui qui a porté, assumé, accompagné
Celui qui a perdu, pansé, pleuré la France
La France jusqu'en exil
La France retrouvée

Marseille en armes
15 au 28 août 1944

Ne plus pouvoir attendre
La liberté…
La prendre de force
Venir la chercher
Et les corps morts s'accumulent
Dans les rues, aux balcons, sur les pierres
Sous le soleil indifférent ils s'écrasent
Petits gars de rien
Volontaires des FFI
Hommes de de Lattre et de Monsabert
Âpre bataille
Bataille en milliers
Jusqu'à ce que le sort et le cœur décident
Jusqu'à ce qu'hommes et femmes se mettent à chanter
Alors la ville devient la mer
Et la mer devient la ville

Capitaine Alexandre

A René Char

J'ai oublié les mots
J'ai oublié les mots pour le combat
Et sur mes chemins clandestins
De Céreste ou de Durance
J'ai oublié ce lien

J'ai oublié les mots
Un temps
Le temps d'espérer
J'ai bien noirci quelques pages
Quelques feuillets
Je les publierai libre
Ou ils seront mort-nés

« Nous avons recensé toute la douleur qu'éventuellement le bourreau pouvait prélever sur chaque pouce de notre corps, puis le cœur serré, nous sommes allés et avons fait face »

« Les feuillets d'Hypnos »
René Char

Joséphine

A Joséphine Baker

Faite pour la danse et la beauté
Loin des misères d'enfance
Faite pour le spectacle
Mais de terre et d'identité
De choix et d'espoir
Puis la guerre, la défaite

Le corps toujours à la lumière
Le corps au spectacle
et l'âme résistante.
Les messages à l'armée des ombres
Les messages entre la musique

Le risque
Jusqu'aux derniers instants du combat
Présente dans l'armée
Aider un peu, mais aider
Chanter à nouveau
Danser à nouveau
Le spectacle pour la victoire
Pour les soldats de la liberté

Caracalla

A Daniel Cordier, résistant et historien, secrétaire de Jean Moulin.

Le chemin d'un homme
L'aventure d'un homme
Sa marche intérieure
Le blanc et Maurras
Les choix de guerre
L'amitié profonde
Amitié de Résistance
La France au cœur
La France et l'horizon
Et la beauté des arts
Toujours l'art…
Supérieur à tout
L'âme sur la main de l'homme

A Marcel Michelin
Industriel et résistant, mort en déportation au camp de Buchenwald.

Le ciel tombant au soleil rouge
à l'éventail gris-bleu
me rappelle parfois le ciel sur les volcans.
Mais ici est un vrai ciel d'enfer
Ciel d'enfer, pierre de mon tombeau
Tant je suis malade et faible

Peu importe…
Je porte un nom
Un nom d'honneur
Je n'aurai pas laissé la gomme à la barbarie
Ni l'idée ni le nom ni les usines
Ce sont eux qui auront pris
Comme partout se seront servis

Je sais que les miens ne trahiront pas
J'espère pour nos ouvriers
Qu'ils paralysent !
Qu'ils sabotent !
J'espère pour mon pays
Et l'humanité même

Je sais que je resterai ici
Dans ce piège de corps maigres,
de triangles et de numéros.
De ce ciel de terreur et d'oubli
je ne reviendrai pas.
Si je pars en kommando
je ne reviendrai pas.

L'idée seule
L'âme et la firme
Eux survivront
Je sais…

Colonel Fabien

A Pierre Georges

J'ai laissé ma jeunesse sur la terre rouge d'Espagne
Terre rouge où trois fois mon sang s'est mêlé
C'est mon rouge idéal
J'ai laissé le père, l'amour et l'innocence
Du combat je suis né
Il n'a jamais cessé
Il n'attend pas
Le combat m'a pris
Comme j'ai pris le combat
Combat contre la barbarie
Si tu tires sur cet ennemi il tue cent fois
Et il tue quand même si tu ne tires pas
Aux flancs de l'Est
Aux neiges d'Alsace
C'est peut-être la fin
La fin de quoi ?

CINQUIEME PARTIE

Le vent d'Histoire

« L'Histoire est une résurrection »

Jules Michelet (1798-1874)

Crimes et tonsures

Il marche vers les cris et les corps de vengeance
C'est une ombre affaiblie et libre depuis peu
Il a d'autant souffert qu'il raye l'indulgence
S'approchant du chaos bien qu'en boitant un peu

Voilà donc les salauds ! Et voilà leurs visages
Deux femmes par hasard, deux hommes de vingt ans
Un sinistre cortège… Et la foule envisage
De cracher les tondues, de trouer les enfants

L'un cherche à s'expliquer : c'est incompréhensible
Sa bouche n'est l'écho que de sons tuméfiés
Elle répète ainsi un discours impossible
Qu'accompagne en roulant un seul œil horrifié

Les deux portent au corps les marques de tortures
Des sévices de fiel sur leurs fronts affligés
Lui revoit les tourments, la douleur des postures
Sans cesse les questions et les coups infligés

Suivent deux crânes-plaies, sortes de poupées chauves
Deux bêtes-sœurs blotties, en tandem apeuré
Deux femmes avant tout et face aux gorges fauves
Leur regard s'est perdu, leurs âmes ont pleuré

Quels crimes pour ces yeux ? Pour marcher sous l'injure ?
Des larmes prostituées ? Des tromperies d'amour ?
A voir la foule huer, qui vomit et qui jure
La beauté seulement serait l'ombre du jour

Les gosses sont au mur : tir de salve factice
L'un tremble tout entier, l'autre a joint les deux mains
Lui intervient enfin. « Attendez la justice »
« Il leur faut un procès. Remettez à demain »

« La haine c'est l'erreur. Regardez-vous en face »
« Et combien de pour rien quand vous en tuerez cent ? »
« Les cadres précédents eux sont encore en place »
« Celles-ci et ceux-là sont peut-être innocents »

Cette ombre est écartée, à coups de poings de crosse
Une salve nourrie couche les deux gisants
La foule est devenue sorte de bouche atroce
Les femmes sont gammées au fer rouge et luisant

Ils ne reviendront pas

Les parents sont arrêtés
Reviendront-ils un jour ?
Ils venaient de loin
De la zone interdite
Reste l'enfant

Les parents sont arrêtés
Le temps de rien
D'avaler un papier
De passer une veste
Reste l'enfant

Les parents sont arrêtés
La mère effondrée
Le père qui cherche
La voisine comprend
Reste l'enfant

Les parents sont arrêtés
La voisine le prend
Ne pas s'inquiéter
Revenir plus tard
Reste l'enfant

Les parents sont arrêtés
Depuis des mois
Depuis longtemps
La voisine écrit souvent
Reste l'enfant

Les parents sont arrêtés
Ne reviendront jamais
L'enfant apprend
La voisine enseigne
La République, la France
L'Humanité, la Résistance
Il aime, il comprend
Et l'enfant devient adulte
Et l'adulte se souvient de l'enfant

Aux ombres déportées

Il regardait l'or de lumière pâle
tomber sur le visage décharné.
Et c'était comme si les yeux avaient mangé les chairs
Comme si le visage entier n'était qu'un regard
L'éclair de demi-lune s'était tourné
Il avait hésité à entrer
Il avait hésité à parler
Mais sa question restait, obsédante et entière
Il devait la poser
Il avait roulé toute une nuit pour la poser

Et tu voudrais savoir comment est mort ton ami
Assieds-toi. C'est une chose lourde
Et c'est plus qu'un récit
Le temps que passe un hiver piquant de brumes
et un printemps larmé de pluies,
je l'ai vu là-bas.
Je l'ai vu à l'arrivée du convoi
à la lumière basse d'un soleil rouge,
d'un vent murmurant.
Ce jour-là, ils ont mis peu de temps à les trier
Il faut dire à l'heure d'histoire
que nous étions parqués sur le fil du néant
Un lieu maudit où dans mille ans encore on entendra des plaintes en écho
Mille ans…
Dans mille ans ce paysage sera mille ans de plaintes
Une nasse pour les corps, un broyeur pour les âmes
J'ai croisé ton ami
Bleu le matin

Quand on nous comptait sans cesse au froid coupant
Blanc le soir
quand le travail nous posait là
Endormis en tas et malades
La mort était tout en ce lieu :
notre quotidien, notre devenir, notre délivrance
Je me souviens
Il avait lui-même un ami
de santé fragile…
L'un toussait, l'autre portait, les deux s'affaiblissaient
Ceux qui des mois avaient survécu disaient :
« Pas ceux-là »
« Pas pour longtemps »
Fantômes de chairs creuses,
aussi maigres que la pluie.
Nous devions déplacer des charges de colosses,
des rochers et des arbres entiers.
Tordre la nature pour rien
Dans le seul but encore de nous affaiblir
Et ton ami devait presque travailler pour deux

Il partageait aussi sa ration
Une moitié de notre eau de soupe
Avec un pain maigre
Seule richesse qui tenait entière dans notre main d'os
Nous avions oublié l'évasion
Parfois la faim, la maladie, l'hiver brisent les oiseaux tellement,
qu'ils ne sont que plumes mais ne peuvent plus voler.
Pour nous, la liberté était devenue une chose trop loin

L'autre est mort de maladie
Quant à ton ami…
Le numéro de son bras a été tiré au sort
Sort d'une loterie macabre

Ils ont marché vers cette partie du camp où disparaissaient des colonnes entières de convois.
Peu après, des cheminées crachaient leur pestilence,
celle des corps calcinés.
Ne cherche plus ton ami
Oublie qu'il ait pu vivre parmi les vivants
Il n'est qu'une plainte dans l'éternité
Pense plutôt à son dévouement
A sa chaleur
A ses pas
Songe qu'il est mort d'humanité
dans un lieu qui n'en avait pas.

Le traître

De retour d'Allemagne
Se souvenant des siens
De couloirs en bureaux
De portes en paroles
Il put enfin comprendre

Un seul avait parlé
Un seul sur le nombre
Un seul avait suffi
Un seul…
Emportant le réseau
Comme balayures d'hommes

Un cœur pourtant !
Des premiers engagés
Après la haine, il voulut savoir encore
Poussant d'autres portes
Poursuivant d'autres écrits

Il n'avait pas parlé sous la torture
Mais la Gestapo avait pris les siens
Sa sœur de vingt ans
Son frère tout jeune
Pour les faire disparaître
Ou leur promettre une vie écrasée
Alors il a parlé
Tout donné…
Pensant que le temps gagné permettrait au réseau de se dissoudre

Traître au miroir
Il s'est pendu un peu plus tard
Refermant toutes les portes
Sur sa tombe des roses rouges
Le pardon au traître
Pas aux hommes

Le juif et la chrétienne

Une ombre au trottoir
Une ombre combattante, bien après le combat
Une ombre orpheline
Une ombre juive bien après le chaos
Une âme d'amertume qui se souvient des visages
Une ombre de vengeance aussi…
Une ombre de questions
L'homme trouva le portail et le numéro
Il hésita avant de pousser la porte
Il savait qui elle était
On lui avait parlé d'elle
Il voulait simplement lui demander
Lui demander pourquoi

Elle était ombre elle aussi
Une ombre qui s'était oubliée
Une ombre qui avait choisi d'être une ombre
Sorte d'âme donnée à Dieu
Dans la rue, elle ramassait les cassés
Hommes sans vie, sans envie
Etres détruits, quasi morts
Chaque jour ici, autour de cette table
Chaque jour chez elle
Il prit son regard un instant,
pour lui demander sans dire :
« Pourquoi ? »
« Pourquoi à la Libération avoir caché ce salaud ? »
« Pouquoi, pendant des années, l'avoir soustrait à la justice ? »
« Je porte en moi les cris de ses victimes »
« Victimes signées sur papier »

Un regard d'elle lui répondit sans rien dire
Si l'enfant traqué avait frappé à sa porte,
elle l'aurait pris pour le défendre.
Contre tout et tous, jusqu'au bout,
contre un jugement de mort.
C'est le salaud qui a frappé
L'accueillir également
Contre une justice de mort
Puisque l'homme n'est pas la justice

Il ne dit rien
Il coupa le pain pour le repas des pauvres,
aida à placer les nappes.
Il resta la soirée,
pour partager la soupe avec des visages marqués,
orphelins eux aussi.
Tout près de son regard à elle

Il ne dit rien
La souffrance lui avait appris à lire les regards,
les élans cachés du bien et du mal.
Sorte de femme
Sorte de passion
Sorte de sainte
Il partit tard dans la nuit
Avec adieux mais comme une ombre furtive
Il n'avait rien dit
Le portail juste avait marqué son départ

En voyant de Gaulle

Mer de visages, portes des yeux
Venus voir l'homme de partout ils accourent
Pages de rides
Corps de souffrances, de travail ou de jeunesse
Corps décharnés ou vigoureux
Corps cassés par la guerre
Il parle
Et le silence est émotion

Mer de visages, portes des yeux
Paysans, ouvriers, instituteurs
De la terre, du cambouis, du rivage
De la plume, des ordres ou de la guerre
C'est la fête et le silence
C'est la joie et les pleurs
Un enfant regarde sa mère qui admire
Il ressent

Mer de visages, portes des yeux
L'immense bonheur d'un peuple
Sa plus grande félicité
Reconnaître un grand politique
Amoureux de leurs yeux, de leurs visages
Amoureux de son pays
Reconnaître le serviteur sincère
Et l'aimer

Aragon écrit les strophes pour se souvenir

Il faudra que le lecteur approche
Aux âmes devinées
Il faudra montrer leurs visages
Comme sur l'affiche
Affiche noire et rouge
Rouge de l'idéal
Rouge de l'accusateur
Rouge de leur sang

Il faudra la beauté
Aussi…
Les pensées du poète
De Manouchian à Mélinée
De Manouchian à la beauté
Et demain peut-être…

Il les faudra tous
Vingt et trois
De jeunesse, de noms et de passions
Pour la France encore
Jusqu'à l'instant ultime

Les chemins de tortures

Combien d'ombres ont souffert ici ?
Combien de temps ?
Combien de nuits ?
Et combien ont expiré ?
Dans les trous des cellules
Le long des couloirs étroits
Aux voûtes de pierres
Aux seules lumières d'ampoules
De la salle à la cellule
De la cellule à la baignoire
Tenir
De force
Vraiment
Tenir sans limites
Ou tenir deux jours
D'autres ont parlé
Certains sont partis
D'eux-mêmes et pour toujours

Joséphine avant l'ultime revue

A Joséphine Baker

Les yeux aux médailles
aux souvenirs.
A l'ombre du Général
L'âme à la France,
à la revue, au public, au spectacle.

Les yeux aux épreuves
A l'enfant mort-né
Aux orphelins du monde
De la tribu arc-en-ciel

Les yeux à la lumière
La lumière du spectacle
Toujours danser ce soir
Et tenir la revue

Lo grand

A Georges Guingouin

Lumière blanche et bras d'eau
C'est encore le vent qui marche sur les haies
Sur les feuillus témoins des siècles de feu et de larmes cousines
C'est la musique du fracas sur des temps de chaos
Les doigts d'un orage sur la terre limousine
Le vieil homme est à sa fenêtre
C'est un homme loin des hommes
Un ami de la pensée et du silence
Il se souvient…
Après le néant j'ai dû me battre
Poser la craie pour le fusil
Dire adieu à l'enfant pour former le franc-tireur
Et je suis devenu lion
Préfet des ombres et du maquis
Le cœur des chemins et des arbres, le nom d'un fantôme
D'une main rouge et la France au cœur, j'ai serré le nazi
jusqu'à ce qu'il expire
Le privant de pain, de matériel, de renforts, de messages…
J'ai vu changer le jour et naître la lumière sur le mont Gargan
J'ai encerclé Limoges
Evité le sang inutile
Et l'orage s'est apaisé
Et l'orage s'est transformé
En une sorte de feu de fiel
Ce feu, c'est la jalousie des lâches
Des flammes de mon camp
Des lames blanches et rouges qui m'ont percé de toutes parts
C'est le bal des médiocres et des corrompus
Une chose comme la guerre en pleine paix
C'est le mensonge et la bave des salauds

A terme, la cause même des carnages
Les coups de sous-hommes
Tellement
Jusqu'à en perdre la raison
« Jusqu'à parcourir le chemin des agonisants »
Je ne veux rien savoir du parti. Il est mort avant moi
Rien des hommes
Rien des honneurs négociés
Je veux oublier et saluer l'arbre
Je veux dormir à Saint-Gilles

Le vieux communiste face au monument aux morts

Le vieil homme fixait un nom
Un seul nom du monument
Aux larmes du matin
Aux ormes de gel
Il venait souvent
Je me souviens de toi, de ta jeunesse
Je n'oublie pas que nous combattions ensemble
Nous avions le cœur rouge et l'âme généreuse
Je n'oublie pas que tu as couru les heures d'une nuit pour me prévenir.
Tu vois…
Je n'ai pas oublié
Mais les choses changent
Et le monde a bien changé
Les idées meurent tu sais…
Comme les bêtes, les hommes et les arbres
Reste-t-il quelque chose de notre idéal ?
Je pense qu'il s'est transformé
Je t'ai raconté la fin de la guerre
Je t'ai parlé de la victoire
Et même de ce pacte honteux et secret,
dont nous ignorions l'existence.
Les hommes se servent des idées
Comme ils se servent de l'eau et de la terre
Comme ils se servent
Reste la lumière de l'histoire
Les souvenirs de nos ombres
La marche de l'humanité
Reste l'amitié

Le vieux compagnon sur la tombe du Général

Parler à la lumière des ombres
Parler à une âme
Seul
De chemin et d'idéal
Seul
Seul devant sa tombe
De silence sincère

Les yeux loin des flatteurs
Les yeux loin de ceux qui ont oublié
De ceux qui n'ont jamais compris
Servir une terre
Servir la France
Servir un peuple
Servir les hommes
Servir c'est aimer
Pour ceux qui se sont éteints
Pour ceux qui viendront
Voir loin…
Servir à en oublier sa vie
S'oublier…

Quel vide !
Quel manque !
Des larmes
Car les suivants ne sont rien
Moins que rien
Résultats de basse politique
Où les meilleurs partent écœurés
Regardent se tordre une démocratie
Larmes de regrets
Souvenirs de lumière et d'envergure

Autres larmes face au tombeau

Autre ombre face au tombeau
Autres mots à l'ami défunt
Les temps changent tu sais…
Tu rirais parfois des hommes
Et constaterais leur chemin
A la fois émerveillé ou écoeuré
Le Front National où tu rêvais et combattais
n'est plus rouge et résistant,
mais de droite extrême
Comme la flamme
Et l'idée même de Nation
Les hommes se servent des mots
Se servent des idées
Se servent des hommes
Comme ils se servent de leurs outils
Puis ils les jettent, les perdent ou les abandonnent
Selon leurs bas intérêts

Les yeux d'enfant

« En fait je peins ce que l'homme fait à l'homme »
Vladimir Velickovic

L'enfant suit de la main
Du bras…
Surtout ne pas regarder
Mais les yeux d'enfant sont sans portes
Faits de mémoire intacte
Nés pour toucher la lumière
Lumières d'incendies
Blancheur des cadavres
Visages grimés de la mort
Et des morts écorchés
Le rouge du sang
Et le noir de l'ombre
Le bleu parfois
Les corps vidés, devenus matières
L'enfant passe sur le monde
Naissent « la blessure » et « la déchirure »
Il peindra bien plus tard
En résistance

Témoignage

Le temps passe au vent de lune
Au vent d'histoire le temps a passé
Elle est revenue sauve et le bras bleu
Mais a perdu son amour
A perdu son père
Un seul est mort libéré
Elle raconte encore…

Au retour je pensais vengeance
Je voulais savoir là-bas
Je voulais savoir chaque heure
Qui avait dénoncé ?

Questions au retour
Questions au village
Aux autorités
Le papier avait parlé :
une femme…
Sorte de commère à l'âme improbable

Comme il fallait condamner
Un enfant vint : jeune soldat rentré
Son frère mort, brûlé vif au maquis
De mère avouée
De mère abjecte
Pour la fuir et la racheter, ses deux fils engagés
Mais elle reste la mère
Mère en deuil

Aux âmes proches
Aux âmes lointaines
Elle oublia sa plainte
Mais dans son récit garda sa rancœur

Aux ombres anonymes

Aux oubliés de l'histoire
A tous les anonymes
Aux rayés de la guerre et des livres
Aux morts, aux vivants sans gloire
Souvenirs pour certains
Aux gestes, aux paroles, aux actions
Aux sacrifices, aux sacrifiés
Aux oubliés du sort
Oubliés des lignes

L'Histoire se fige

L'Histoire se fige
Peu à peu
Les pages s'ouvrent et se ferment
Se ferment les yeux des derniers
L'âme hantée des hommes est un feu d'existence
Le feu s'est consumé
Il reste les noms des rues direz-vous
Vous direz même qu'il reste les monuments aux morts
Reste la liberté
Reste un pas d'humanité
Reste la mémoire

Table

L'HARMATTAN, ITALIA
Via Degli Artisti 15; 10124 Torino

L'HARMATTAN HONGRIE
Könyvesbolt ; Kossuth L. u. 14-16
1053 Budapest

ESPACE L'HARMATTAN KINSHASA
Faculté des Sciences sociales,
politiques et administratives
BP243, KIN XI
Université de Kinshasa

L'HARMATTAN CONGO
67, av. E. P. Lumumba
Bât. – Congo Pharmacie (Bib. Nat.)
BP2874 Brazzaville
harmattan.congo@yahoo.fr

L'HARMATTAN GUINÉE
Almamya Rue KA 028, en face du restaurant Le Cèdre
OKB agency BP 3470 Conakry
(00224) 60 20 85 08
harmattanguinee@yahoo.fr

L'HARMATTAN CAMEROUN
BP 11486
Face à la SNI, immeuble Don Bosco
Yaoundé
(00237) 99 76 61 66
harmattancam@yahoo.fr

L'HARMATTAN CÔTE D'IVOIRE
Résidence Karl / cité des arts
Abidjan-Cocody 03 BP 1588 Abidjan 03
(00225) 05 77 87 31
etien_nda@yahoo.fr

L'HARMATTAN MAURITANIE
Espace El Kettab du livre francophone
N° 472 avenue du Palais des Congrès
BP 316 Nouakchott
(00222) 63 25 980

L'HARMATTAN SÉNÉGAL
« Villa Rose », rue de Diourbel X G, Point E
BP 45034 Dakar FANN
(00221) 33 825 98 58 / 77 242 25 08
senharmattan@gmail.com

L'HARMATTAN TOGO
1771, Bd du 13 janvier
BP 414 Lomé
Tél : 00 228 2201792
gerry@taama.net

Achevé d'imprimer par Corlet Numérique - 14110 Condé-sur-Noireau
N° d'Imprimeur : 91342 - Dépôt légal : octobre 2012 - *Imprimé en France*